AF220647

Impressum
Verlag: BABADADA GmbH, Nedderfeld 112 , 22529 Hamburg
Geschäftsführer / Verlagsleitung: Harald Hof
Druck: Books on Demand GmbH, In de Tarpen 42, 22848 Norderstedt

Imprint
Publisher: BABADADA GmbH, Nedderfeld 112 , 22529 Hamburg, Germany
Managing Director / Publishing direction: Harald Hof
Print: Books on Demand GmbH, In de Tarpen 42, 22848 Norderstedt

shule
makaranta

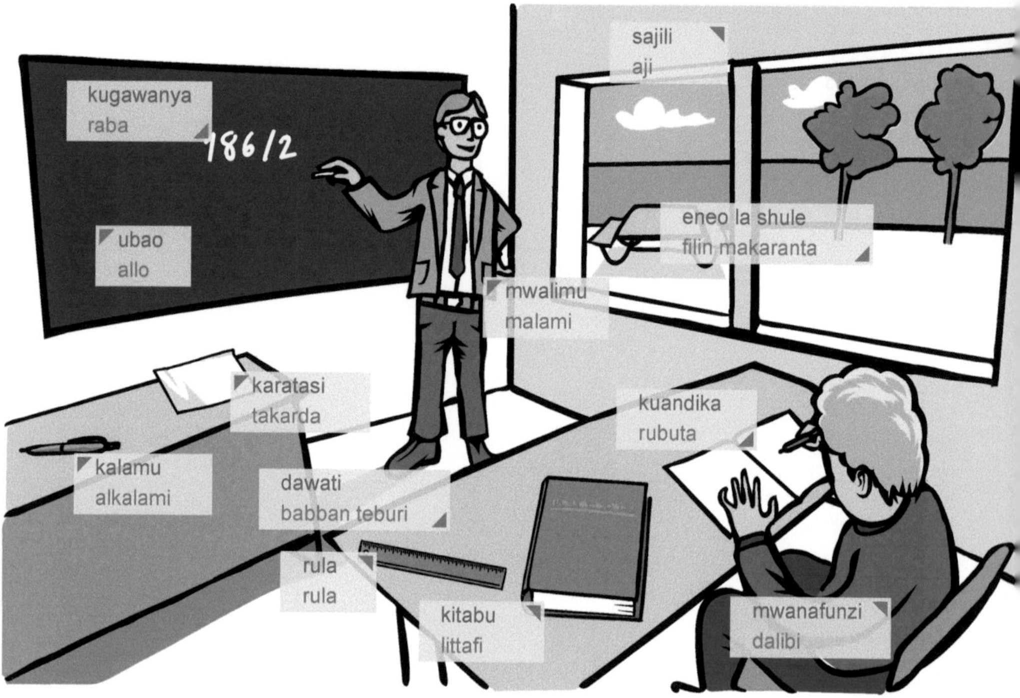
sajili
aji
kugawanya
raba
186/2
ubao
allo
eneo la shule
filin makaranta
mwalimu
malami
karatasi
takarda
kuandika
rubuta
kalamu
alkalami
dawati
babban teburi
rula
rula
kitabu
littafi
mwanafunzi
dalibi

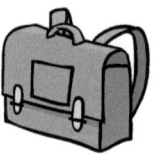

mkoba
jakar makaranta

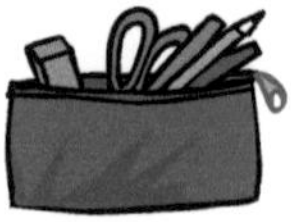

kikasha cha penseli
gidan fensir

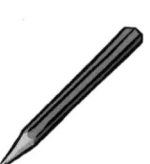

penseli
fensir

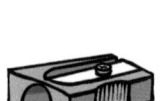

kichonga penseli
abin fike fensir

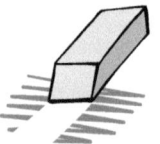

mpira
kilina

pedi ya kuchora
kwalin zane

uchoraji
zane

brashi ya rangi
burushin fenti

sanduku la rangi
gwangwanin fenti

mkasi
almakashi

gundi
gam

daftari
littafi aiki

kazi ya nyumbani
aikin gida

nambari
lamba

jumlisha
kara

ondoa
debe

zidisha
yi sau

kokotoa
kwakuleta

barua
wasika

alfabeti
harafi

neno
kalma

maandishi
rubutu

kusoma
karanta

chaki
alli

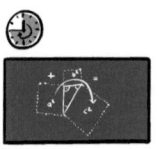

somo
darasi

sajili
rijista

uchunguzi
jarabawa

cheti
satifiket

sare za shule
kayan makaranta

elimu
ilimi

elezo
kundin ilimi

chuo kikuu
jami'a

darubini
madubin kimiyya

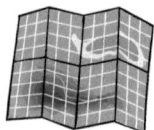

ramani
taswira

kikapu cha kuweka karatasi
chafu
kwandon shara

usafiri
bulaguro

hoteli
otal
Grand
hosteli
dakunan dalibai
ROOMS
ofisi ya ubadilishanaji
gidan canjin kudi
EXCHANGE
sanduku
karamin akwati
gari
karamar mota

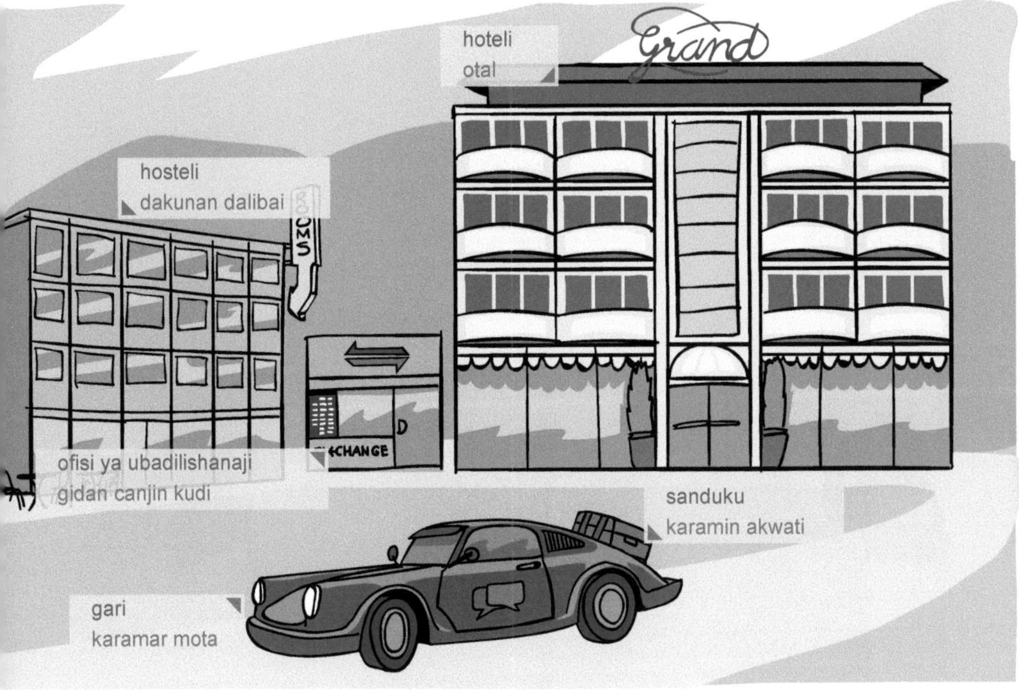

lugha

yare

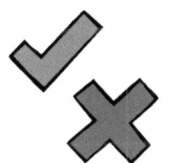

ndiyo / la

e/a'a

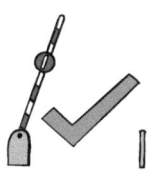

sawa

Ya yi

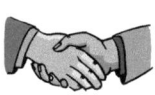

hujambo

barka dai

mtafsiri

mai fassara

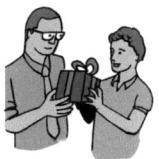

Asante

Na gode

kiasi gani ni ...?

nawa ne...?

Sielewi

ban gane ba

tatizo

matsala

Jioni njema!

Barka da yamma!

Habari za asubuhi!

Ina kwana!

Usiku mwema!

barka da dare!

kwa heri

sai an jima

mwelekeo

alkibla

mizigo

kaya

mfuko

jaka

shanta

jakar goyawa

mgeni

bako

chumba

daki

begi la kulalia

jakar barci

hema

tanti

taarifa ya utalii
....
ayanin dan yawon bude-
ido

ufuo
....
bakin ruwa

kadi
....
katin banki

kifunguakinywa
....
karin kumallo

chakula cha mchana
....
abincin rana

chakula cha jioni
....
abincin dare

tiketi
....
tikiti

kuinua
....
daga

muhuri
....
hatimi

mpaka
....
iyaka

mila
....
kudin fiton kaya

ubalozi
....
ofishin jakadanci

visa
....
biza

pasipoti
....
fasfo

ndege
jirgin sama

meli
jirgin ruwa

injini ya moto
injin kashe gobara

basi
motar bas

lori
tarakta

otaboti
valekwale mai inji

baiskeli
keke

gari
karamar mota

feri

karamin jirgin ruwa

mashua

kwalekwale

pikipiki

babur

gari la polisi

motar 'yansanda

gari la mashindano

motar tsere

gari la kukodisha

motar haya

kushiriki gari

tarayyar karamar mota

lori la kuvuta

babbar mota da ta lalace

ukusanyaji taka

motar shara

motor

mota

mafuta

mai

kituo cha mafuta

gidan mai

ishara trafiki

alamar titi

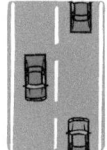

trafiki

zirga-zirga

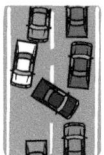

msongamano

cunkoson ababen hawa

maegesho

wurin ajiye mota

kituo cha treni

tashar jirgin kasa

reli

filin tsere

garimoshi

jirgin kasa

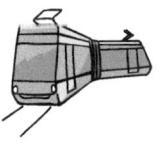

tremu

jirgin kasa mai kyabil

gari la mizigo

keken doki

helikopta

helikwafta

uwanja wa ndege

filin jirgin sama

mnara

hasumiya

abiria

fasinja

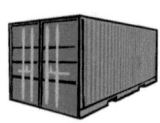

chombo

mazubi

katoni

kwali

mkokoteni

amalanke

kikapu

kwando

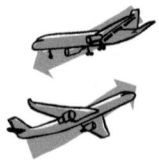

ondoka

tashi / sauka

jiji
birni

kijiji

kauye

katikati ya jiji

tsakiyar birni

nyumba

gida

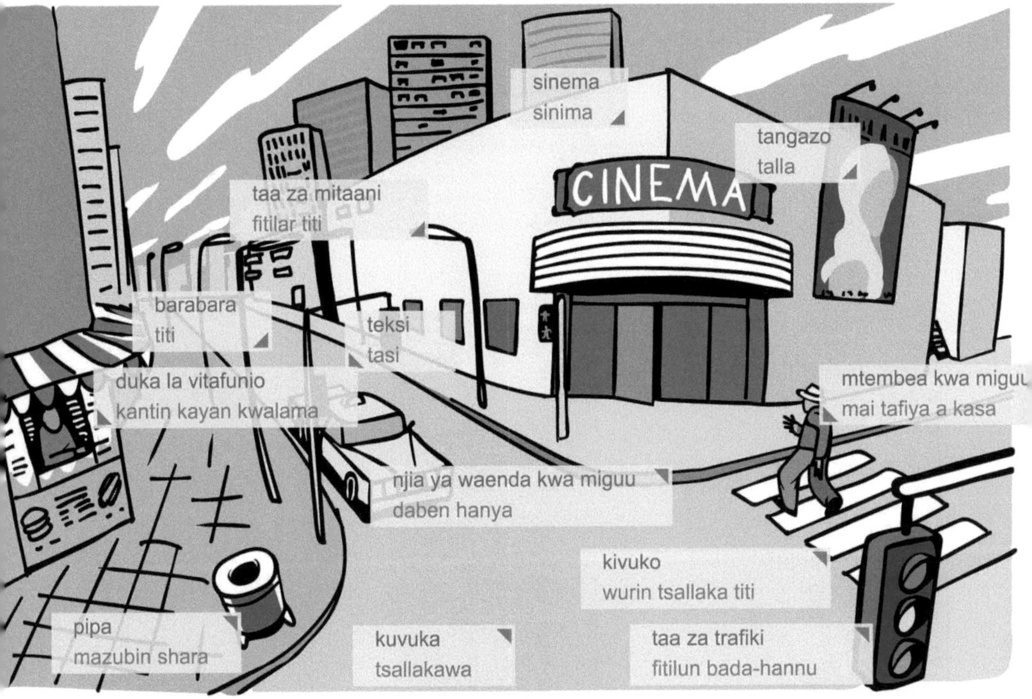

sinema
sinima
tangazo
talla
CINEMA
taa za mitaani
fitilar titi
barabara
titi
teksi
tasi
duka la vitafunio
kantin kayan kwalama
mtembea kwa miguu
mai tafiya a kasa
njia ya waenda kwa miguu
daben hanya
kivuko
wurin tsallaka titi
pipa
mazubin shara
kuvuka
tsallakawa
taa za trafiki
fitilun bada-hannu

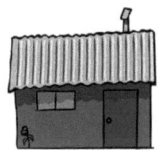

kibanda

bukka

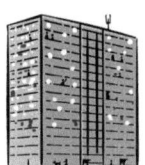

gorofa

shafaffe

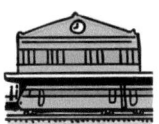

kituo cha treni

tashar jirgin kasa

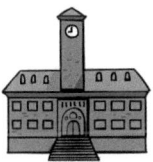

ukumbi wa mji

dakin taro

MUSEUM

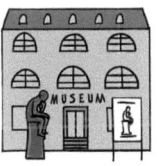

Makavazi

gidan kayan tarihi

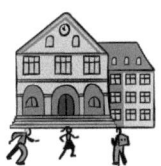

shule

makaranta

chuo kikuu

jami'a

benki

banki

hospitali

asibiti

hoteli

otal

duka la dawa

kantin magani

ofisi

ofis

duka la kitabu

kantin littattafai

duka

kanti

duka la maua

mai sayar da furanni

dukakuu

babban kanti

soko

kasuwa

idara ya kuhifadhi

kanti mai sassa

mwuza samaki

shagon sayar da kifi

kituo cha ununuzi

wurin sayayya

bandari

matsayar jiragen ruwa

Hifadhi

ma'ajiyar motoci

benki

benci

daraja

gada

vidato

kafar bene

chini ya ardhi

karkashin kasa

handaki

ramin karkashin kasa

kituo cha mabasi

matsayar bas

bar

mashaya

mgahawa

gidan abinci

sanduku la posta

akwatin sakonni

ishara ya barabara

alamar titi

mita ya maegesho

mitar ajiye motoci

bustani ya wanyama

gidan namun daji

kidimbwi cha kuogelea

kwamin iyo

msikiti

masallaci

shamba
gona

uchafuzi
gurbata

makaburini
makabarta

kanisa
coci

uwanja wa michezo
filin wasanni

hekalu
dakin bauta

mazingira
fadin kasa

jani
ganye

ishara ya mwelekeo
turken alama

njia
hanya

malisho
makiyaya

jiwe
dutse

mtembeaji wa masafa
mai tattaki

mti
bishiya

mto
korama

nyasi
ciyawa

ua
fure

bonde

kwazazzabo

kilima

tudu

ziwa

tafki

msitu

daji

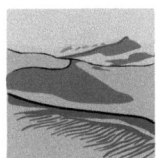

jangwa

hamada

volkano

amon dutse

ngome

fada

upinde wa mvua

bakan-gizo

uyoga

malafar jaki

mtende

bishiyar kwakwar manja

mbu

sauro

kuruka

kuda

chungu

tururuwa

nyuki

zuma

buibui

gizo

mende

burgunguma

chura

kwado

kuchakuro

kurege

nungunungu

bushiya

sungura

zomo

bundi

mujiya

ndege

tsuntsu

swan

agwagwar ruwa

nguruwe mwitu

aladen daji

kulungu

namijin barewa

aina ya kongoni

kanki

bwawa

dam

tabo ya upepo

lantarki mai iska

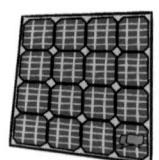

nishaji ya jua

farantin hasken rana

hali ya hewa

yanayi

mgahawa
gidan abinci

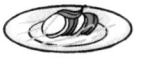

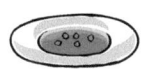

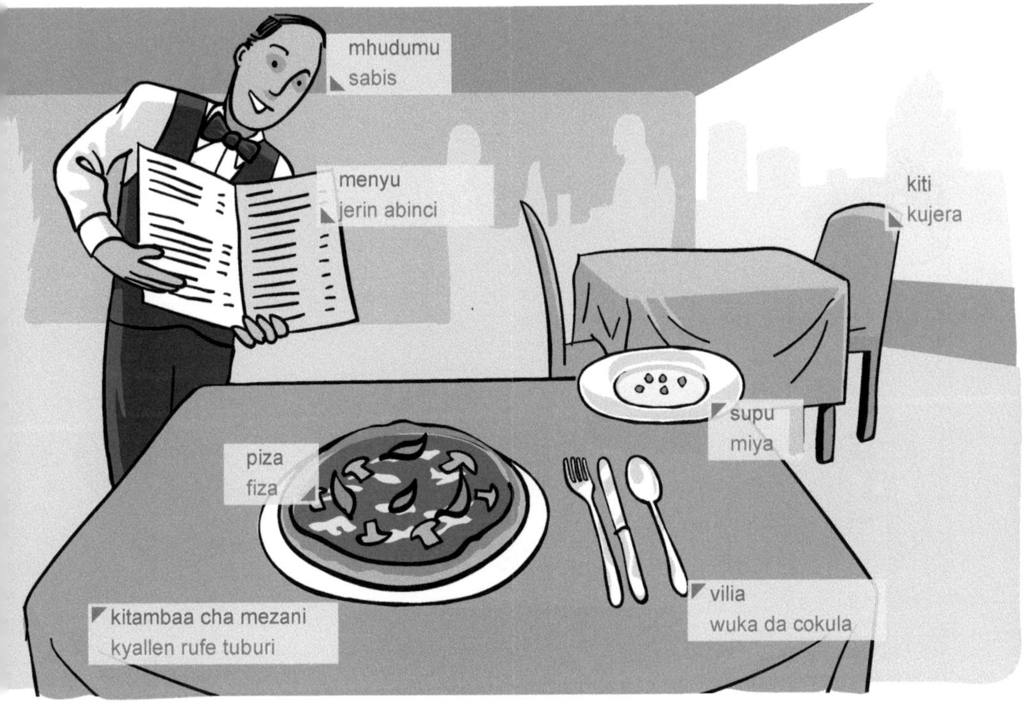

mhudumu
sabis
menyu
jerin abinci
kiti
kujera
supu
miya
piza
fiza
vilia
wuka da cokula
kitambaa cha mezani
kyallen rufe tuburi

kiamsha hamu

makunni

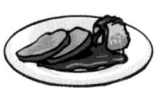

kozi kuu

babban abinci

kitindamlo

kayan zaki

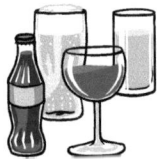

vinywaji

kayan sha

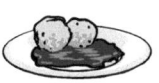

chakula

abinci

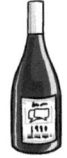

chupa

kwalba

chakula cha haraka

abincin tafi-da-gidanka

Streetfood

abincin titi

buli

tukunyar shayi

kisanduku cha sukari

kwanon sikari

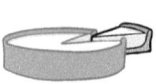

sehemu

gutsire

mashine ya espresso

injin hada kofi

kiti kirefu

kujera mai tudu

muswada

doka

trei

tire

kisu

wuka

uma

cokali mai yatsu

kijiko

cokali

kijiko cha chai

cokalin shayi

nepi

kyallen cin abinci

glasi

gilashi

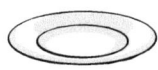

sahani
faranti

sahani ya supu
farantin miya

sufuria
farantin kofi

mchuzi
hadin dandano

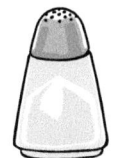

kichanyaji chumvi
mazubin gishiri

kinu cha pilipili
abin nikan yaji

siki
lamurje

mafuta
mai

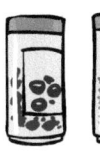

viungo
kayan dandano

kechapu
miyar tumatir

haradali
mustad

kachumbari nzito
mayonnaise

dukakuu
babban kanti

ofa maalum
tayin musamman
FOR
mteja
abokin ciniki
maziwa
matatsar nono
matunda
kayan marmari
toroli
abin daukar kaya

BUTCHERS

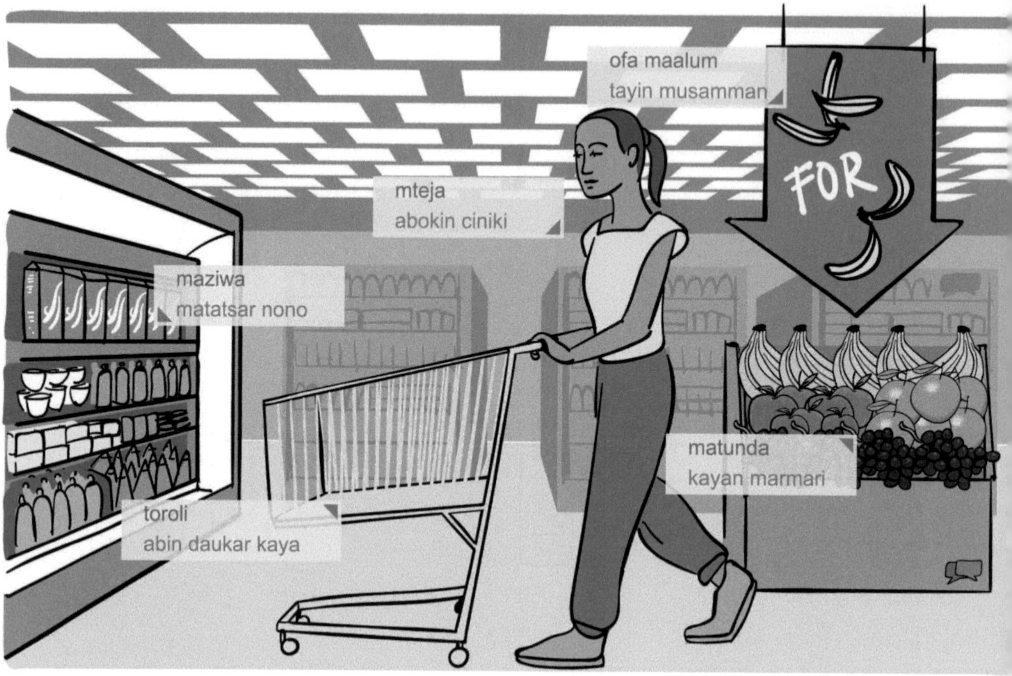

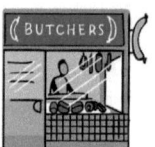

mchinjaji

na mahauci

BAKERY

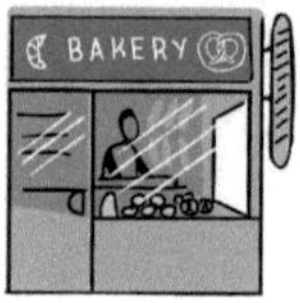

mwokaji

shagon mai burodi

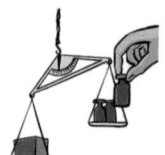

uzito

auna nauyi

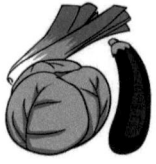

mboga

kayan lambu

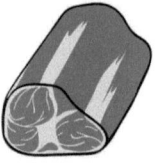

nyama

nama

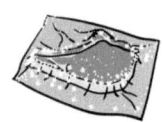

chakula waliohifadhiwa

darkararren abinci

pande vya nyama baridi

nama mai sanyi

chakula cha kopo

abincin gwangwani

sabuni ya unga

garin sabulun wanki

pipi

alewa

bidhaa za kaya

kayan amfanin gida

bidhaa za kusafisha

kayan tsafta

mtu mauzo

mai sayarwa

mpaka

haro

keshia

mai biyan kudi

orodha ya manunuzi

jerin kayan sayayya

masaa ya ufunguzi

sa'o'in budewa

mkoba

alabe

kadi

katin banki

mfuko

jaka

mfuko wa plastiki

jakar roba

maji

ruwa

sharubati

ruwan 'ya'yan itace

maziwa

madara

coke

coke

mvinyo

barasa

bia

giya

pombe

barasa

kakao

koko

chai

shayi

kahawa

kofi

spreso

bakin kofi

kapuchino

kofi mai madara

ndizi

ayaba

tufaha

tufa

machungwa

lemon zaki

tikiti

kankana

lemon

lemon tsami

karoti

karas

kitunguu saumu

tafarnuwa

mianzi

gora

kitunguu

albasa

uyoga

kunnen-jaki

karanga

dangin gyada

nudo

dangin taliya

spageti

sufageti

mpunga

shinkafa

saladi

man salak

vibanzi

sala-sala

viazi vya kukaanga

soyayyen dankali

piza

fiza

hambaga

hambaga

sandwichi

sanwich

kipande

kwan nama

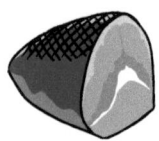

paja la mnyama

naman alade

salami

salami

soseji

kilishin turawa

kuku

kaza

choma

gashi

samaki

kifi

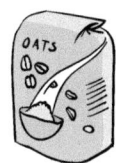

oats ya uji

kamun oats

muesli

muesli

cornflakes

kwamfiles

unga

fulawa

kroisanti

fanke

andazi

yankan burodi

mkate

burodi

mkate wa kubanika

gashi

biskuti

biskit

siagi

bota

maziwa mgando

man shanu

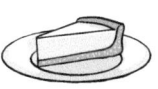

keki

kek

yai

kwai

yai kukaanga

soyayyen kwai

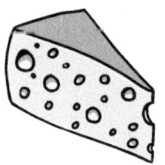

jibini

cuku

aiskrimu

askirim

sukari

sikari

asali

zuma

jemu

jam

kuenea kwa chokoleti

cakuletin shafawa

mchuzi wa viungo

kori

shamba

gona

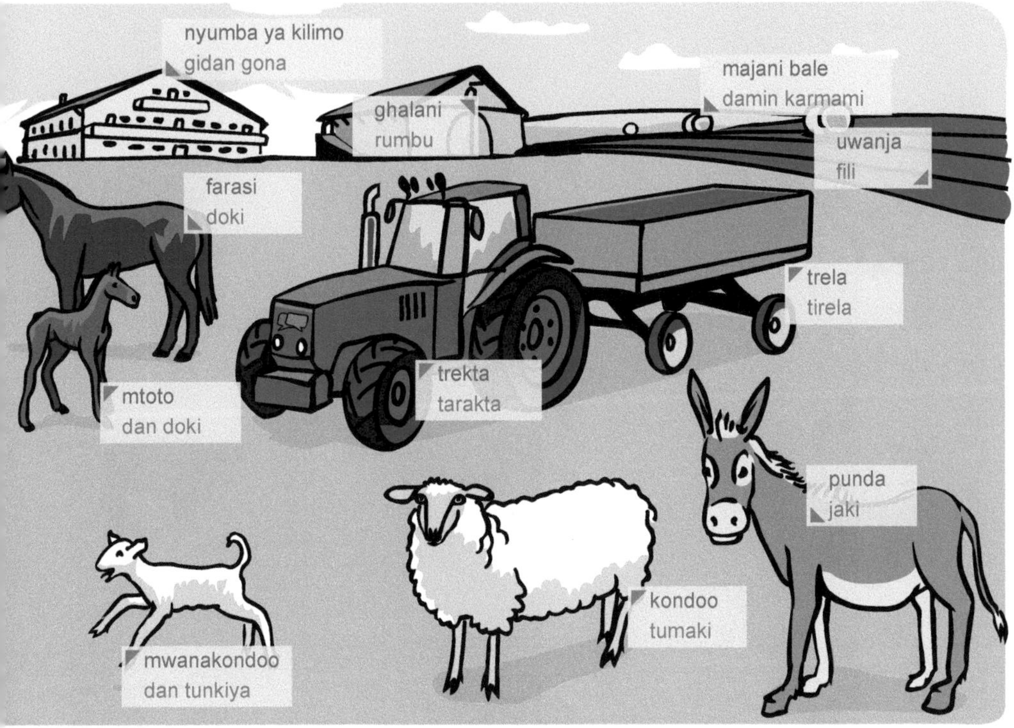

nyumba ya kilimo
gidan gona
ghalani
rumbu
majani bale
damin karmami
uwanja
fili
farasi
doki
trela
tirela
trekta
tarakta
mtoto
dan doki
punda
jaki
kondoo
tumaki
mwanakondoo
dan tunkiya

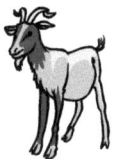

mbuzi
akuya

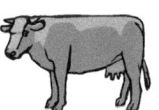

ng'ombe
saniya

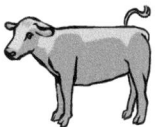

ndama
maraki

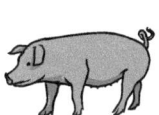

nguruwe
alade

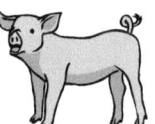

mwananguruwe
dan alade

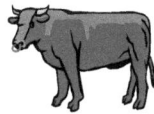

fahali
bajimi

batabukini

dinya

bata

agwagwa

kifaranga

dan tsako

kuku

kaza

jogoo

zakara

panya

bera

paka

kyanwa

panya

bera

ng'ombe

takarkari

mbwa

kare

nyumba ya mbwa

dakin kare

bomba la bustani

bututun lambu

debe la kumwagilia maji

bokitin ban-ruwa

fyekeo

ashasha

kulima

garma

mundu

lauje

jembe

fartanya

uma wa nyasi

cebur mai yatsu

shoka

gatari

toroli

wilbaro

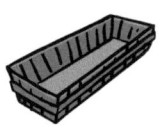

kupitia nyimbo

mazubin abincin dabbobi

chombo cha maziwa

gwangwanin madara

gunia

buhu

ua

shinge

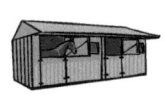

imara

barga

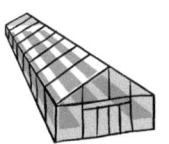

chafu

koren-gida

udongo

rairai

mbegu

iri

mbolea

taki

kivunaji

injin girbi da sussuka

mavuno

girbe

mavuno

girbi

viazi vikuu

doya

ngano

alkama

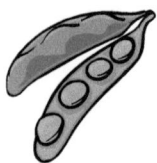

soya

waken soya

viazi

dankali

mahindi

dawa

rapa

furen mai

mti wa matunda

bishiyar kayan marmari

muhogo

rogo

nafaka

hatsi

nyumba
gida

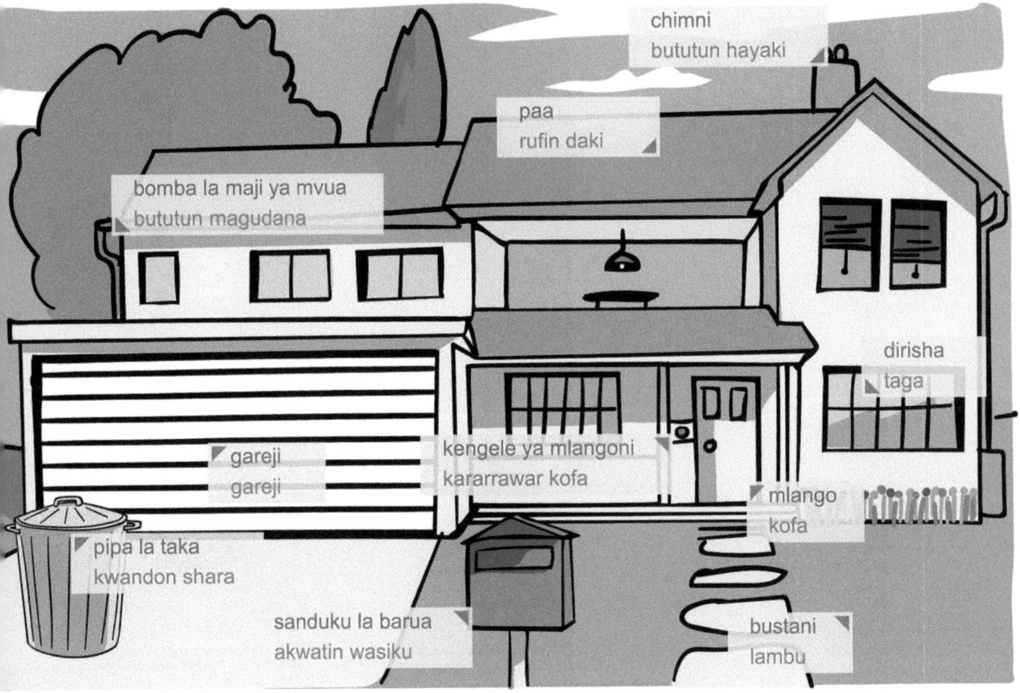
chimni
bututun hayaki
paa
rufin daki
bomba la maji ya mvua
bututun magudana
dirisha
taga
gareji
gareji
kengele ya mlangoni
kararrawar kofa
mlango
kofa
pipa la taka
kwandon shara
sanduku la barua
akwatin wasiku
bustani
lambu

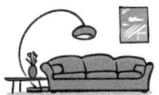

sebuleni

falo

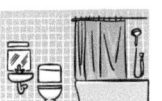

bafu

dakin wanka

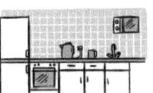

jikoni

kicin

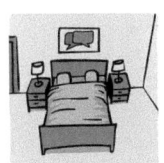

chumba cha kulala

dakin kwana

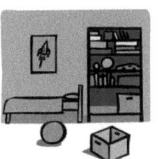

chumba ya mtoto

dakin yaro

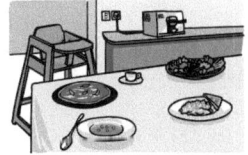

chumba cha kulia

dakin cin abinci

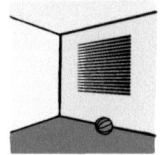

sakafu

dabe

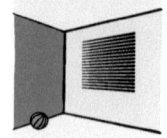

ukuta

bango

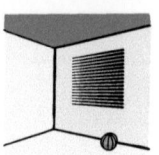

dari

sili

pishi

dakin karkashin kasa

sauna

wurin wankan dumi

roshani

barandar bene

mtaro

baranda

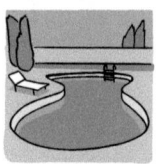

kidimbwi

gulbin ninkaya

mashine ya kukata nyasi

injin yanke ciyawa

karatasi

kwano

kitambaa cha kupamba
kitanda

zanen gado

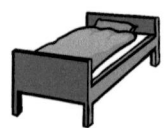

kitanda

gado

ufagio

tsintsiya

ndoo

bokiti

kubadili

makunni

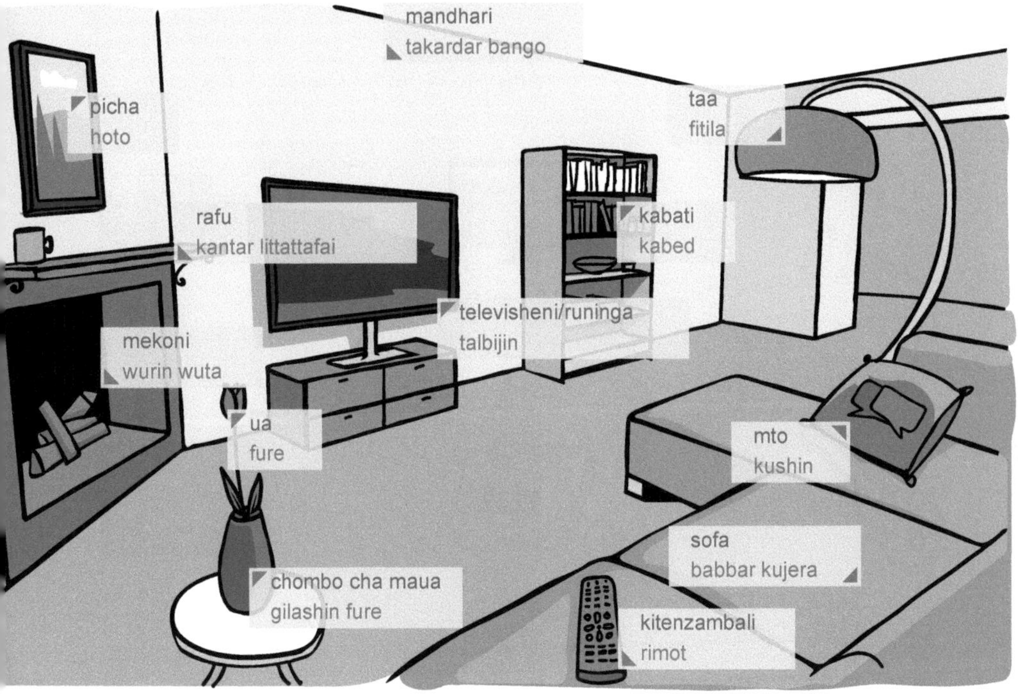

mandhari
takardar bango

picha
hoto

taa
fitila

rafu
kantar littattafai

kabati
kabed

mekoni
wurin wuta

televisheni/runinga
talbijin

ua
fure

mto
kushin

chombo cha maua
gilashin fure

sofa
babbar kujera

kitenzambali
rimot

zulia
darduma

pazia
labule

meza
teburi

kiti
kujera

kiti cha bembea
kujera mai shillo

armchair
kujera mai hannu

kitabu

littafi

blanketi

bargo

mapambo

kwalliya

kuni

itacen girki

filamu

fim

kifaa cha hi-fi

kayan hi-fi

ufunguo

makulli

gazeti

jarida

uchoraji

zanen fenti

bango

fasta

redio

rediyo

daftari

takardar rubutu

kifyonza

na'urar share darduma

dungusi kakati

murtsunguwa

mshumaa

kyandir

jikoni
kicin

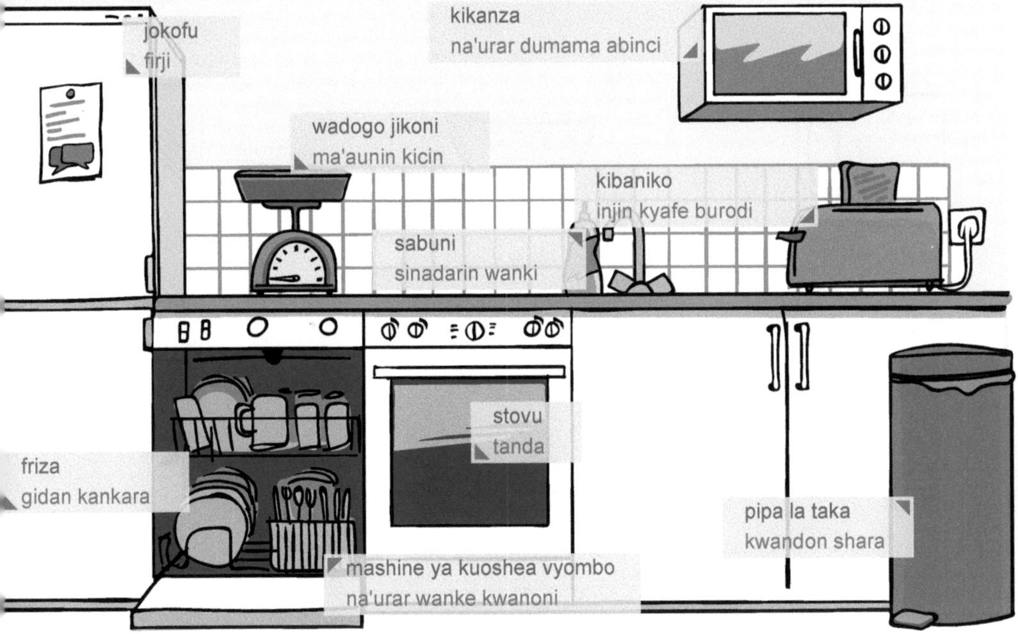

jokofu
firji
kikanza
na'urar dumama abinci
wadogo jikoni
ma'aunin kicin
kibaniko
injin kyafe burodi
sabuni
sinadarin wanki
stovu
tanda
friza
gidan kankara
pipa la taka
kwandon shara
mashine ya kuoshea vyombo
na'urar wanke kwanoni

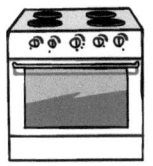

jiko la kupika

cooker

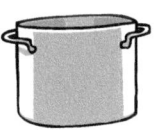

chungu

tukunya

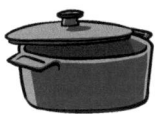

sufuria ya chuma

tukunyar alminiyum

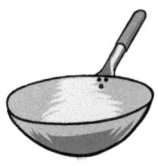

wok / kadai

kwanon suya

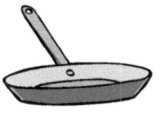

kaango

kwanan suya

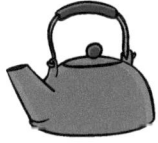

birika

buta

stima
tukunyar dumi

sinia ya kuoka
kwanan gashi

vyombo vya udongo
kayan tangaran

kombe
tambulan

bakuli
kwano

vijiti vya kulia
tsinkayen cin abinci

ukawa
ludayi

mwiko mpana
ludayin suya

burashi
makadin kwai

kichujio
rariya

chujio
mataci

mbuzi
na'urar nika

chokaa
turmi

barbeque
balangu

moto wazi
wutar sarari

ubao wa majaribio

katakon yanke-yanke

kijiti cha kusukuma unga

katakon murji

kizibuo

mabudin kwalba

kopo

gwangwani

inaweza kopo

mabudin gwangwani

kishikio cha chungu

hannun tukunya

karo

wurin wanke-wanke

brashi

burushi

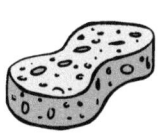

sifongo

soso

kisagaji matunda

bilenda

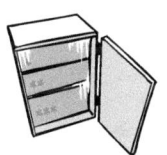

friji ya kina

babban gidan kankara

chupa ya mtoto

bulumboti

bomba

famfo

bafu
dakin wanka

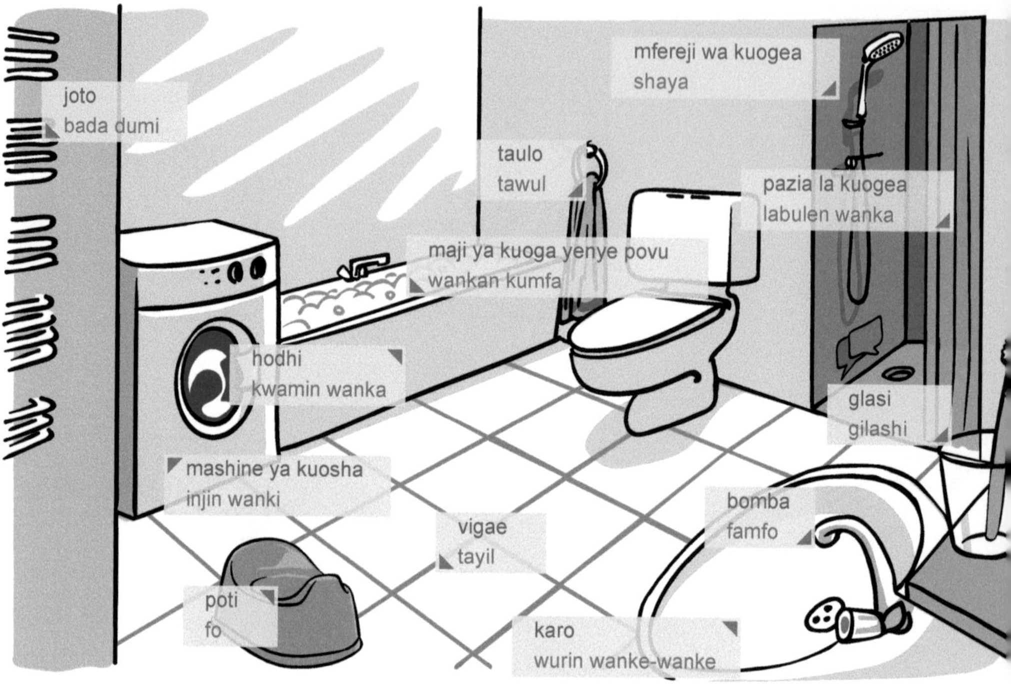
joto
bada dumi
mfereji wa kuogea
shaya
taulo
tawul
pazia la kuogea
labulen wanka
maji ya kuoga yenye povu
wankan kumfa
hodhi
kwamin wanka
glasi
gilashi
mashine ya kuosha
injin wanki
bomba
famfo
vigae
tayil
poti
fo
karo
wurin wanke-wanke

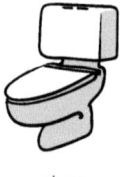

choo

bandaki

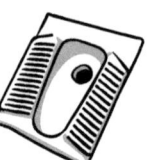

choo cha squat

bandakin tsuguno

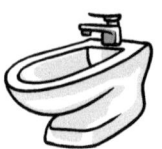

beseni la mviringo

kwamin tsarki

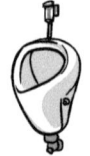

choo cha umma

wurin fitsari

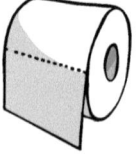

shashi

takardar bandaki

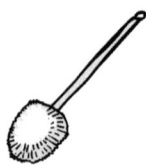

brashi ya choo

burushin bandaki

mswaki
burushin hakori

dawa ya meno
man hakori

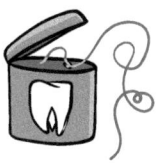

dawa ya meno
zaren sakace

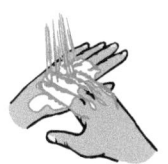

safisha
wanke

kuoga mkono
shayar hannu

msukumo wa maji
wankin farji

bonde
kwamin wanke hannu

mpako wa pili
burushin wanke baya

sabuni
sabulu

jeli ya kuogea
ruwan sabulun wanka

shampuu
man gyaran gashi

flana
tsumman wanka

toa maji
lambatu

krimu
kirim

kiondoa harufu
turaren kamshi

kioo

madubi

kioo mkono

madubin hannu

kinyozi

reza

povu la kunyoa

man yaran fuska

baada ya kunyoa

man aski

kichana

mataji

brashi

burushi

kikausha nywele

na'urar busar da gashi

marashi ya nyewele

man gashi

vipodozi

kwalliya

kidomwa

jan-baki

varnish ya msumari

man farce

pamba

audugar goge kunne

mkasi wa kucha

almakashin yankan farce

manukato

turare

mkoba wa kuosha

jakar wanka

kinyesi

bahaya

mizani

ma'aunin nauyi

nguo ya kuoga

rigar wanka

glavu za mpira

safar roba

kisodo

audugar haila

sodo

audugar mata

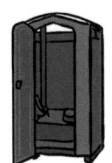

kemikali choo

bandakin tafi-da-gidanka

chumba ya mtoto
dakin yaro

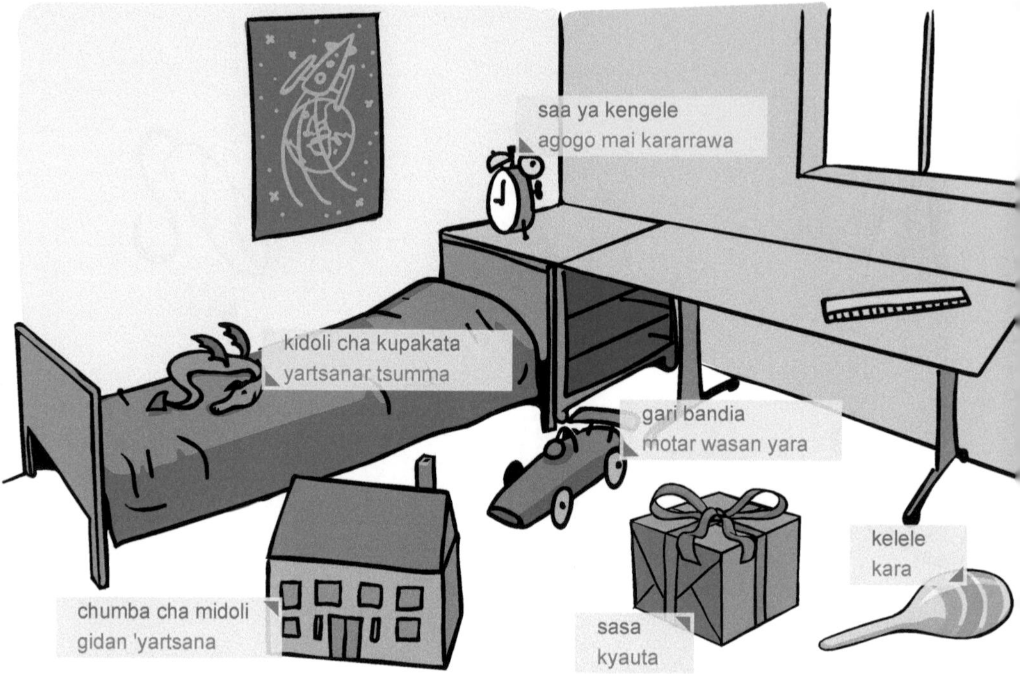

saa ya kengele
agogo mai kararrawa

kidoli cha kupakata
yartsanar tsumma

gari bandia
motar wasan yara

kelele
kara

chumba cha midoli
gidan 'yartsana

sasa
kyauta

baluni
balo

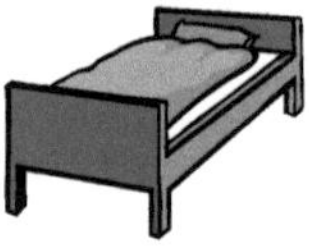

kitanda
gado

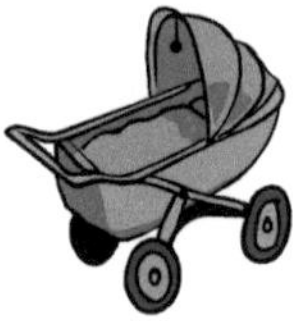

mashua
keken jarirai

staha ya kadi
benen kwalaye

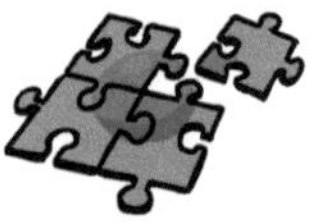

mchezo-fumb
wasa kwakwalwa

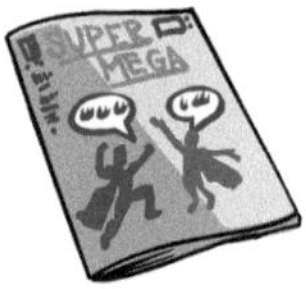

vichekesho
ban dariya

matofali lego
tubalan roba

vitalu mwigo
tubalan gini

hatua takwimu
mutum-mai-aiki

suti ya kulalia
rigar jariri

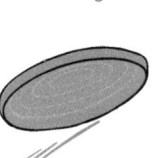

kisahani
Dokin iska

simu
tafi-da-gidanka

ubao wa michezo
wasan dara

kete
dan ludo

garimoshi mwigo
zubin kwatancin jirgin kasa

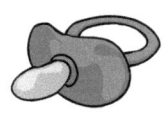

dummy
mutum-mutumi

chama
walima

picha kitabu
littafi mai hotuna

mpira
kwallo

kikaragosi
yartsana

kucheza
yi wasa

shimo la mchanga

akwatin yashi

bembea

lilo

vitu bandia

kayan wasan yara

kiweko cha video ya mchezo

allon wasannin bidiyo

baiskeli ya magurudumu

babur mai taya uku

matatu

mwanasesere

yartsanar tsumma

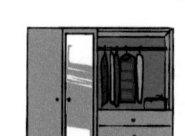

kabati

wadirob

nguo

tufafi

soksi

safa

stokingi

sitokins

kibano

matse-jiki

skafu
adiko

mwavuli
lema

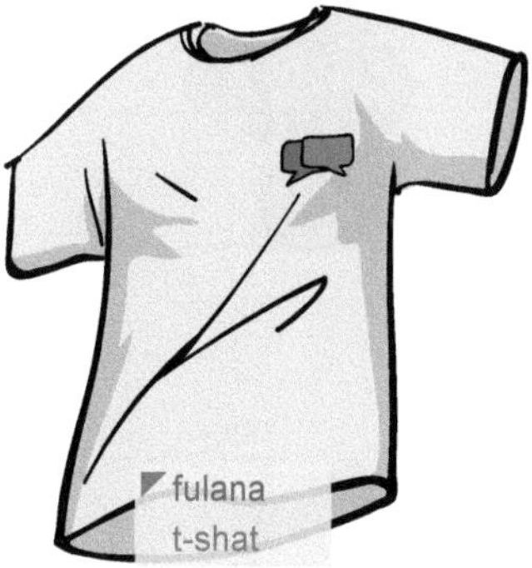

fulana
t-shat

ukanda
belet

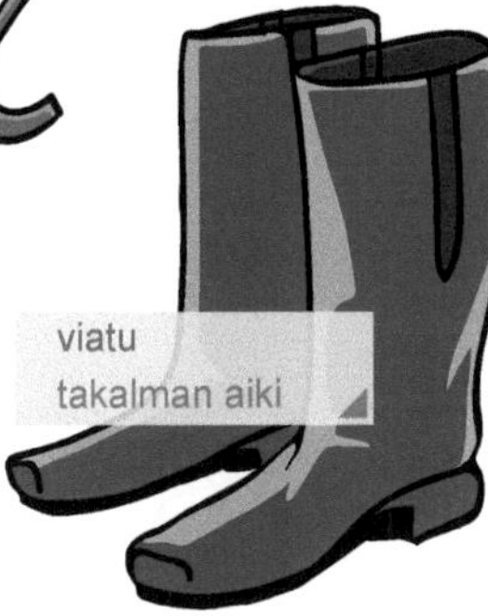

viatu
takalman aiki

ndara
takalman silifas

wakufunzi
takalman wasa

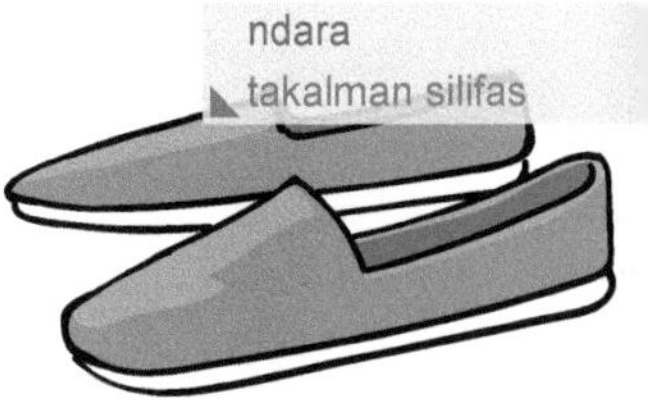

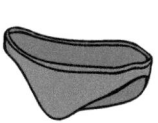

malapa
....
takalman sandal

viatu
....
takalma

mabuti ya mpira
....
takalman roba

suruali ya ndani
....
kamfai

sidiria
....
rigar nono

fulana
....
falmaran

nguo - tufafi   45

mwili
....
jiki

suruali
....
wando

dangirizi
....
jeans

sketi
....
dantofi

blauzi
....
rigar mata

shati
....
karamar riga

vuta
....
riga mai hula

sweta
....
hular riga

bleza
....
bileza

jaketi
....
jaket

koti
....
kwat

koti la mvua
....
rigar ruwa

maleba
....
kayan yayi

gauni
....
kayan sawa

mavazi ya harusi
....
rigar aure

suti
kwat da wando

vazi la usiku
rigar dare

pajama
kayan barci

sari
sari

skafu
dankwali

kilemba
rawani

burka
hijabi

kaftan
kaftani

abaya
abaya

vazi la kuogelea
rigar iyo

vazi la kiume la kuogelea
wandon wasa

kaptura
gajeran wando

teitei
kayan wasanni

aproni
kyallen aiki

glavu
safar hannu

kifungo

maballi

glasi

tabarau

bangili

awarwaro

mkufu

tsakiya

pete

zobe

herini

dan kunne

kofia

hula

kiango cha koti

maratayin kwat

kofia

malafa

tai

lakataya

zipu

zi

kofia

hular kwano

kanda za suruali

masu daidaita hakori

sare za shule

kayan makaranta

sare

yunifom

bibu
....
kyallen cin abincin jariri

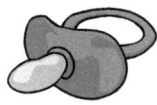

dummy
....
mutum-mutumi

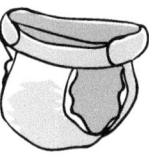

nepi
....
kunzugu

ofisi

ofis

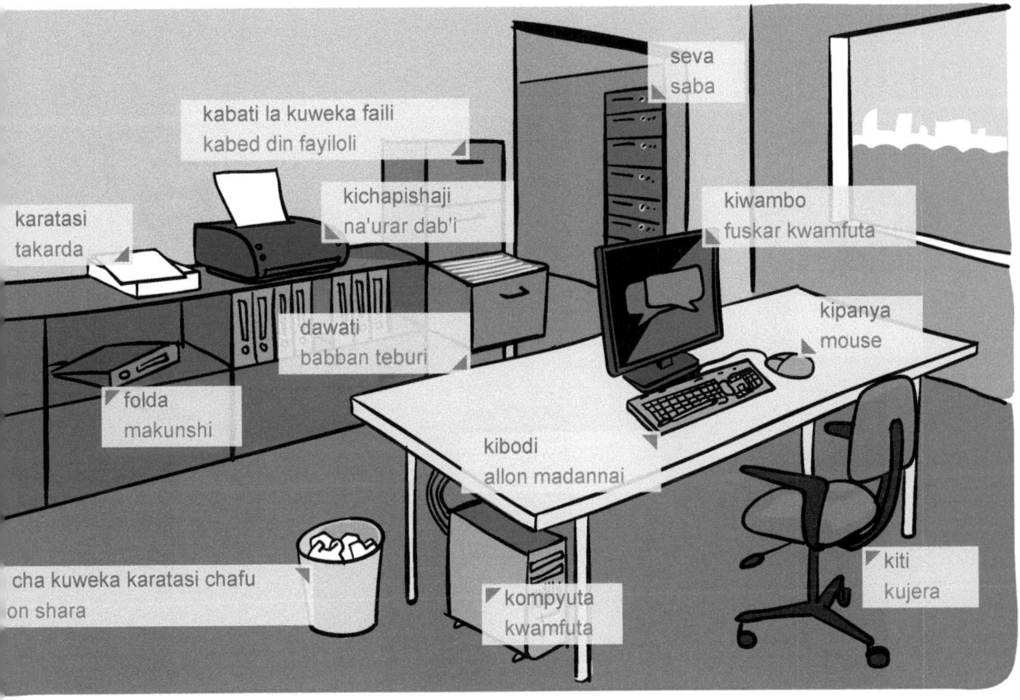

seva
saba

kabati la kuweka faili
kabed din fayiloli

kichapishaji
na'urar dab'i

kiwambo
fuskar kwamfuta

karatasi
takarda

kipanya
mouse

dawati
babban teburi

folda
makunshi

kibodi
allon madannai

cha kuweka karatasi chafu
on shara

kiti
kujera

kompyuta
kwamfuta

kmobe la kahawa
....
tambulan kofi

kikokotoo
....
kwakuleta

biashara
....
intanet

mbali

laptop

barua

wasika

ujumbe

sako

rununu

tafi-da-gidanka

intaneti

sadarwa

fotokopia

na'urar hoton takarda

programu

kwakwalwar kwamfuta

simu

tarho

soketi

jona soket

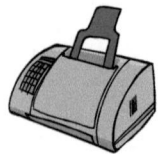

kipepesi

na'urar faks

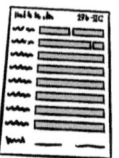

fomu

fom

hati

daftari

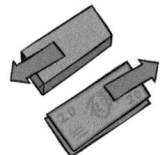

kununua
......
sayi

kulipa
......
biya

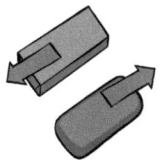

biashara
......
yi ciniki

fedha
......
kudi

 **USD**

dola
......
dala

 **EUR**

yuro
......
euro

 **JPY**

yeni
......
yen

RUB

rouble
......
robul

CHF

faranga ya Uswisi
......
franc na Swiss

CNY

renminbi yuan
......
renminbi yuan

INR

rupia
......
rupee

eneo la kulipia
......
injin bada kudi

ofisi ya ubadilishanaji

gidan canjin kudi

dhahabu

zinare

fedha

azurfa

mafuta

mai

nishati

makamashi

bei

farashi

mkataba

matuntuba

kodi

haraji

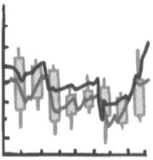

bidhaa

kaya

kazi

yi aiki

mfanyakazi

ma'aikaci

mwajiri

mai daukar ma'aikata

kiwanda

masana'anta

duka

kanti

afisa wa polisi
jami'in dansanda

mzimamoto
ma'aikaci kashe gobara

mpishi
kuku

daktari
likita

rubani
direban jirgin sama

mtunza bustani

mai aikin lambu

seremala

kafinta

mshonaji

mace mai dinki

hakimu

alkali

mwanakemia

mai hada magunguna

muigizaji

jarumi

dereva wa basi

direban bas

dereva wa teksi

direban tasi

mvuvi

masunci

mwanamke wa kusafisha

mace mai shara

mwezekaji

mai aikin rufi

mhudumu

sabis

mwindaji

mafarauci

mchoraji

mai fenti

mwokaji

mai yin burodi

umeme

mai gyaran lantarki

mjenzi

magini

mhandisi

injiniya

mchinjaji

mahauci

fundi bomba

mai gyaran famfo

mwanaposta

mai raba wasiku

mwanajeshi

soja

msanifu majengo

mai zayyanar gidaje

keshia

mai biyan kudi

muuza maua

mai sayar da furanni

msusi

mai gyaran gashi

kondakta

mai kida

mekanika

bakanike

nahodha

kyaftin

daktari wa meno

likitan hakori

mwanasayansi

masanin kimiyya

rabbi

limamin yahudu

imamu

liman

mtawa

mai ibadar kirista

kasisi

malamin addini

zana
kayan aiki

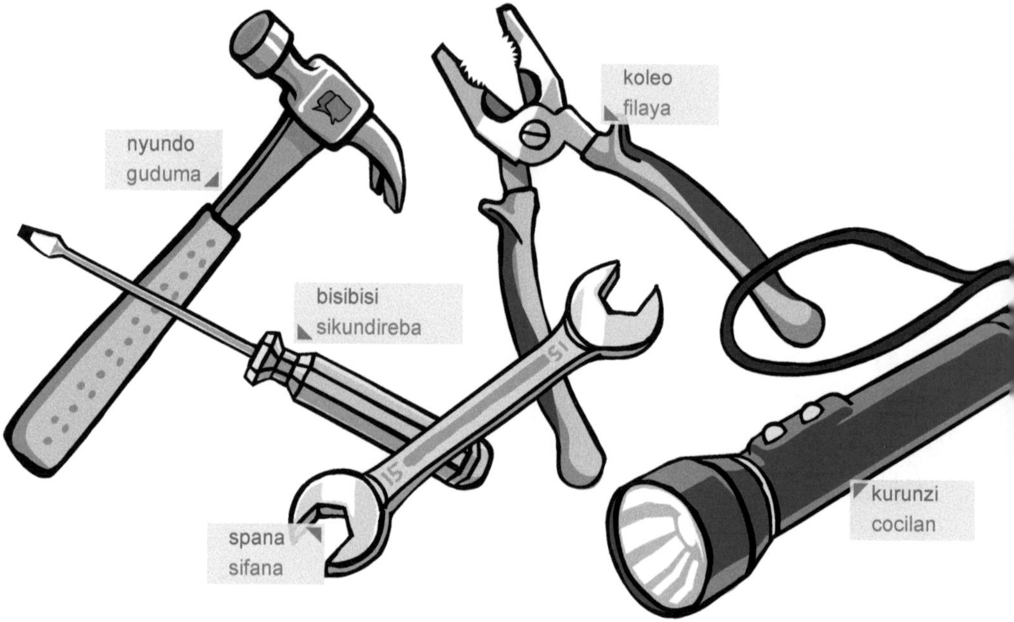
nyundo
guduma
koleo
filaya
bisibisi
sikundireba
spana
sifana
kurunzi
cocilan

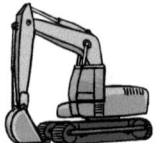

mchimbaji

diga

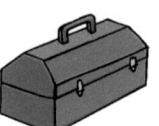

sanduku la vifaa

akwatin kayan aiki

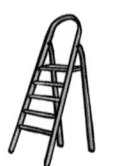

ngazi

tsani

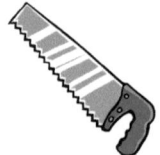

msumeno

zarto

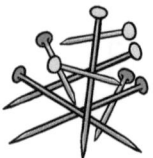

misumari

kusoshi

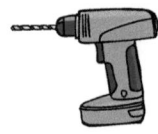

kuchimba visima

abin hudawa

kukarabati

gyara

sepetu

chebur

Lo!

Tafdi!

kishikio cha uchafu

makwashin shara

chungu cha rangi

tukunyar fenti

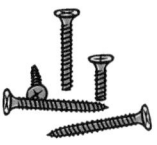

skurubu

kusoshi masu barima

ala za muziki
kayan kida

spika
lasifika

mpangilio wa ngoma
tarkacen ganga

besi mara mbili
rubin sauti

gita
jita

tarumbeta
begila

piano
fiyano

fidla
goge

ubeji
karamin sauti

timpani
gangunan timpani

ngoma
ganguna

kibodi
masarrafin fiyano

saksafoni
saxophone

filimbi
sarewa

maikrofoni
makirfo

bustani ya wanyama
gidan namun daji

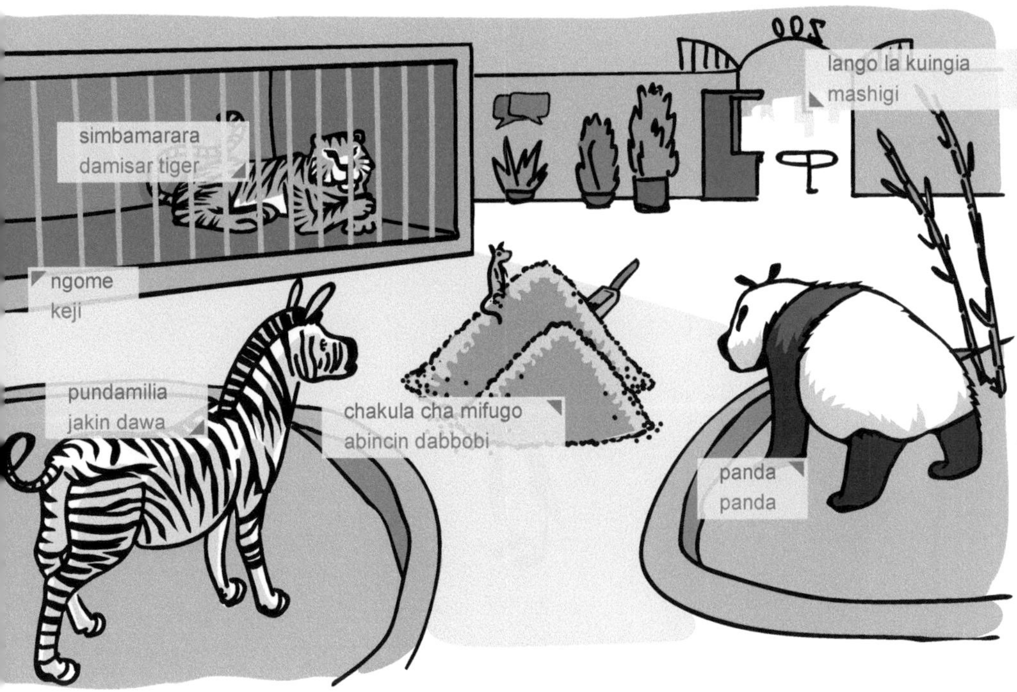

simbamarara
damisar tiger
lango la kuingia
mashigi
ngome
keji
pundamilia
jakin dawa
chakula cha mifugo
abincin dabbobi
panda
panda

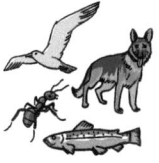

wanyama
dabbobi

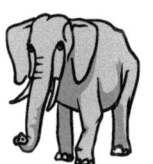

tembo
giwa

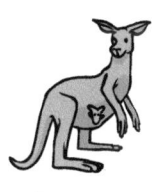

kangaruu
babba-da-jaka

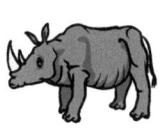

kifaru
karkanda

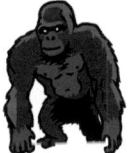

sokwe
goggon biri

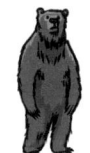

dubu
dabbar bear

ngamia

rakumi

mbuni

jimina

simba

zaki

tumbili

biri

heroe

dinya

kasuku

aku

dubu

bear ta yankin kankara

penguini

penguin

papa

kifin shark

tausi

dawisu

nyoka

maciji

mamba

kada

mtunza wanyama

mai tsaro zu

muhuri

seal

jaguar

damisar jaguar

mwanafarasi
dukushi

chui
damisar leopard

kiboko
mugun dawa

twiga
rakumin dawa

tai
mikiya

nguruwe mwitu
aladen daji

samaki
kifi

kobe
kunkuru

sili
walrus

mbweha
dila

paa
barewa

soka ya marekani
kwallon kafar Amurka

uendeshaji baiskeli
tseren keke

tenisi
wasan tennis

mpira wa kikapu
kwallon kwando

kuogelea
ninkaya

ndondi
dambe

magongo ya barafuni
kwallon gora na cikin ka

soka
kwallon kafa

vinyoya
badiminton

riadha
wasannin motsa jiki

mpira wa mikono
kwallon hannu

skii
wasan kan kankara

polo
kwallon dawaki

kuruka
yi tsalle

cheka
yi dariya

kumbatia
rungumi

kutembea
yi tattaki

kuimba
rera waka

ota ndoto
mafarki

kuomba
yi addu'a

busu
sumbaci

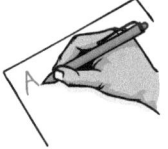

kuandika

rubuta

kuteka

zana

angalia

nuna

sukuma

tura

kutoa

bayar

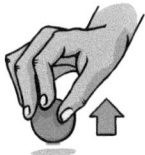

kuchukua

dauki

kuwa
sami

fanya
yi

kuwa
kasance

kusimama
tsaya

kukimbia
gudu

vuta
jawo

kutupa
jefa

kuanguka
faduwa

hadaa
yi karya

kusubiri
jira

kubeba
dauki

kukaa
zauna

vaa nguo
sanya tufafi

usingizi
yi barci

kuamka
farka

kuangalia
kalli

lia
kuka

kiharusi
bugi

chana nywele
taje

ongea
yi magana

kuelewa
fahimci

kuuliza
tambayi

kusikiliza
saurari

kunywa
sha

kula
ci

nadhifisha
tattare

upendo
yi soyayya

mpishi
dafa

gari
yi tuki

kuruka
tashi

meli

tafi a kwalekwale

kokotoa

kwakuleta

kusoma

karanta

kujifunza

koyi

kazi

yi aiki

kuoa

yi aure

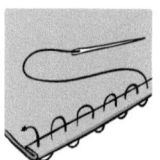

kushona

dinka

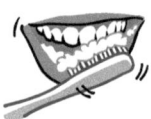

piga mswaki

goge hakora

kuua

kashe

moshi

busa taba

kutuma

aika

familia
iyali

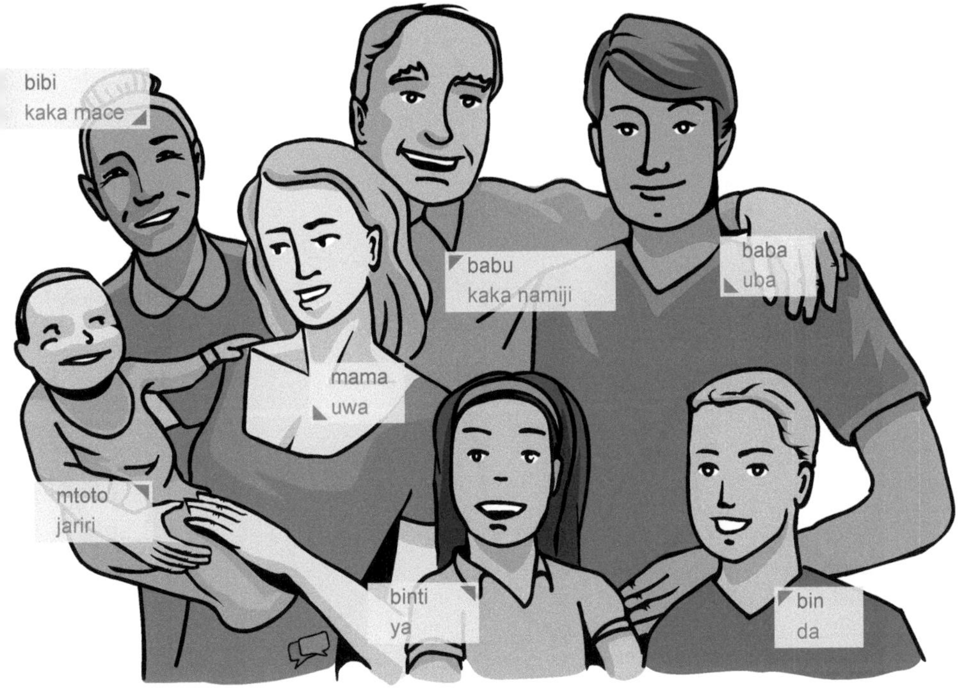
bibi
kaka mace
babu
kaka namiji
baba
uba
mama
uwa
mtoto
jariri
binti
ya
bin
da

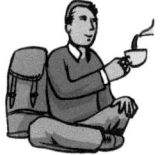

mgeni
bako

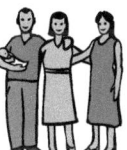

shangazi
gwaggo

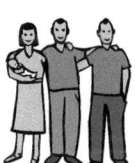

mjomba
kawu

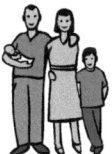

kaka
dan'uwa

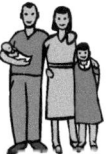

dada
yar'uwa

mwili

jiki

paji la uso
goshi
jicho
ido
bega
kafada
kidole
yatsa
uso
fuska
kidevu
ha'ba
mkono
hannu
matiti
nono
mguu
kafa
mkono
damtse

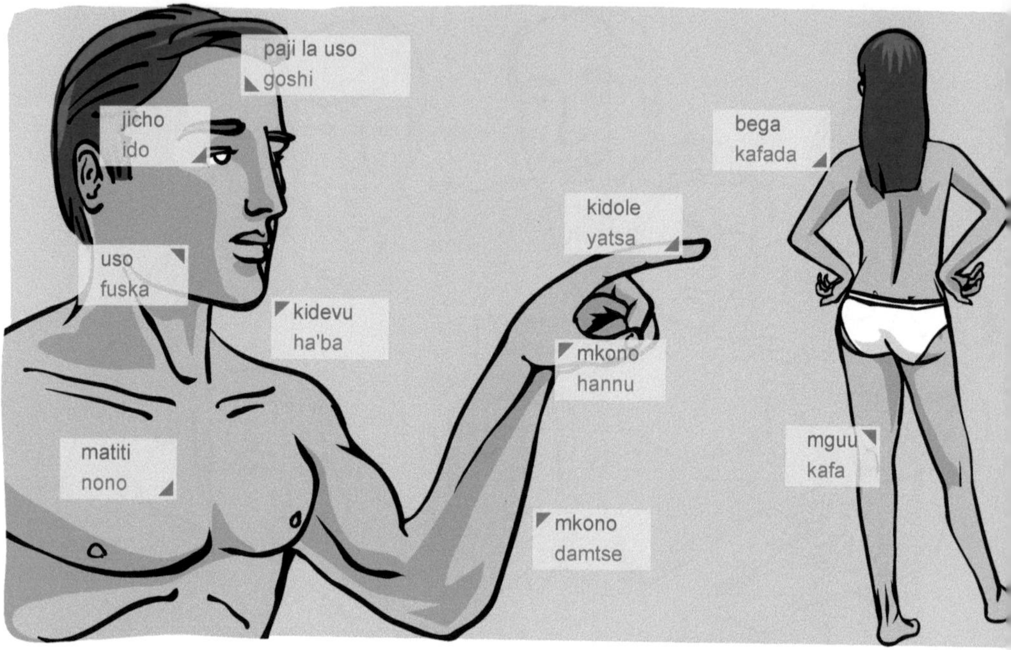

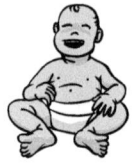

mtoto
jariri

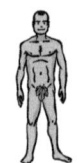

mwanamume
mutum

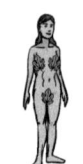

mwanamke
mace

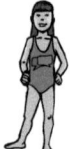

msichana
yarinya

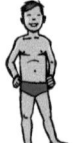

mvulana
yaro

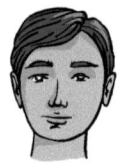

kichwa
kai

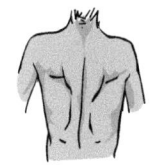

nyuma
baya

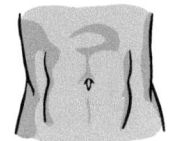

tumbo
tulun ciki

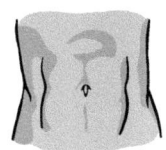

kitovu
maballin ciki

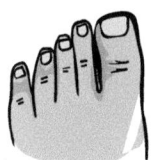

chano
yatsan kafa

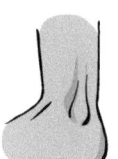

kisigino
dudduge

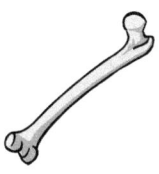

mfupa
kashi

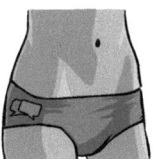

nyonga
kugu

goti
guiwa

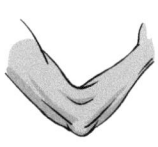

kiwiko
guiwar hannu

pua
hanci

chini
kasa

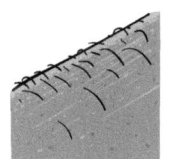

ngozi
fata

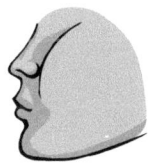

shavu
kumatu

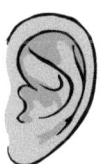

sikio
kunne

mdomo
lebe

kinywa

wata

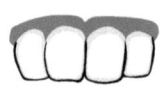

jino

hakori

ulimi

harshe

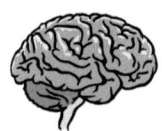

ubongo

kwakwalwa

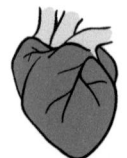

moyo

zuciya

misuli

kwanji

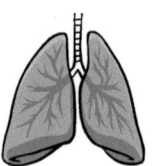

pafu

huhu

ini

hanta

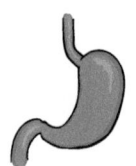

tumbo

ciki

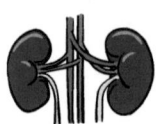

figo

koda

jinsia

jima'i

kondomu

kwaroron roba

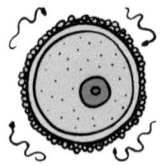

ovari

kwan mahaifa

shahawa

maniyyi

mimba

juna-biyu

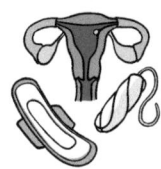

hedhi
haila

uke
farji

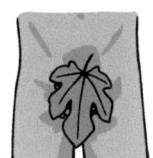

uume
zakari

unyusi
gira

nywele
gashi

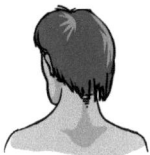

shingo
wuya

mwili - jiki

71

hospitali
asibiti

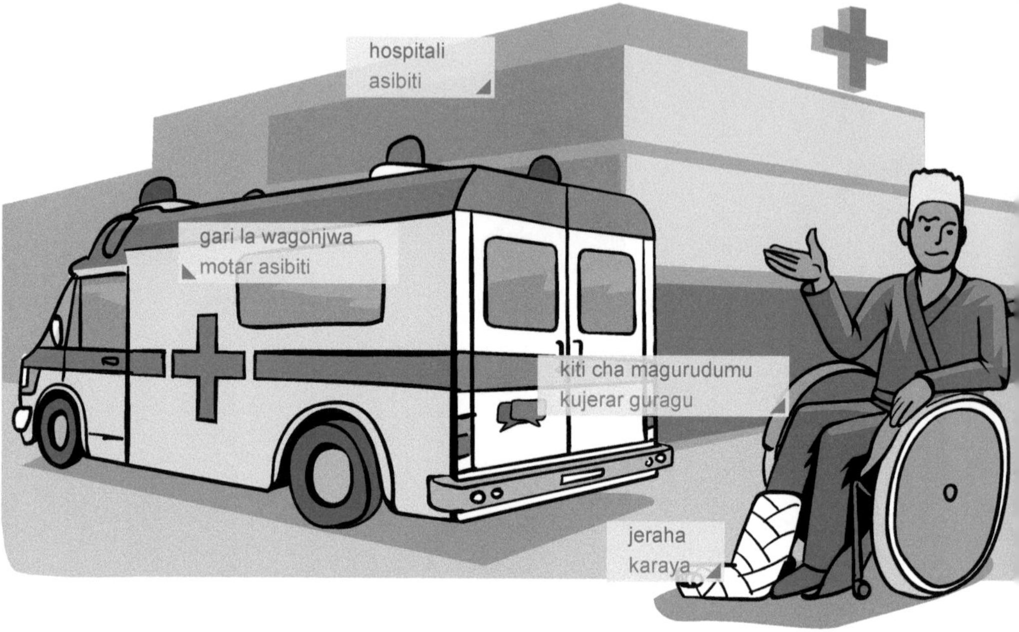

hospitali
asibiti
gari la wagonjwa
motar asibiti
kiti cha magurudumu
kujerar guragu
jeraha
karaya

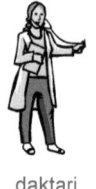

daktari

likita

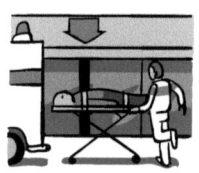

chumba cha dharura

dakin kulawar gaggawa

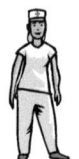

muuguzi

ma'aikaciyar jinya

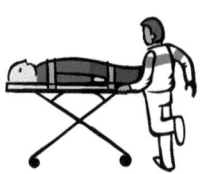

dharura

na gaggawa

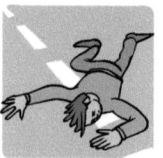

kupoteza fahamu

magashiyyan

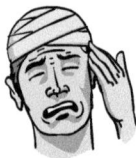

maumivu

radadi

kuumia
rauni

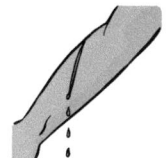

kutokwa na damu
zubar jini

mshtuko wa moyo
bugun zuciya

kiharusi
bugun jini

mzio
kyan-jiki

kikohozi
tari

homa
zazzabi

mafua
mura

kuharisha
gudawa

maumivu ya kichwa
ciwon kai

kansa
cutar sankara

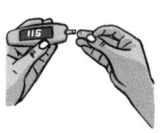

ugonjwa wa kisukari
ciwon suga

daktari mpasuaji
likitan tiyata

kisu kidogo cha kupasulia
wukar likita

operesheni
tiyata

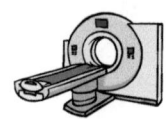

picha changanufu ya mwili

CT

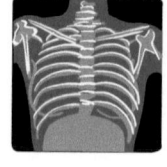

Eksrei

hoton kirji

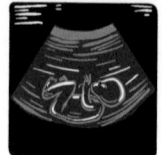

mawimbi sauti

hoton ciki

barakoa ya uso

marufin fuska

ugonjwa

cuta

chumba cha kusubiri

dakin jira

mkongojo

madogari

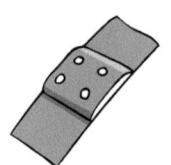

plasta

filasta

bendeji

bandeji

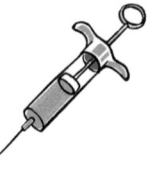

sindano

allura

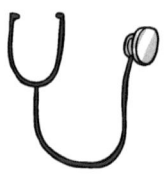

stetoskopu

na'urar awon zuciya

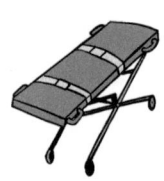

machela

gadon daukar marar lafiya

kipimajoto cha kliniki

na'urar auna zafin jiki

kuzaliwa

haihuwa

unene kupita kiasi

yawan nauyi

kusikia misaada

abin kara ji

kipukusi

sinadarin kashe kwayoyin cuta

maambukizi

kamuwar cuta

virusi

kwayar cuta

VVU / UKIMWI

Cutar Kanjamau

dawa

magani

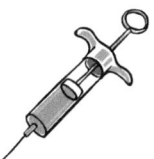

chanjo

riga-kafi

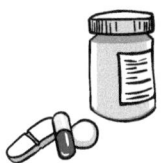

vidonge

kwayoyin magani

kidonge

magani

simu ya dharura

kiran gaggawa

haemodainamometa

ma'aunin hawan jini

mgonjwa / mwenye afya

cuta / lafiya

Msaada!

Taimako!

kengele

kararrawa

pigo

farmaki

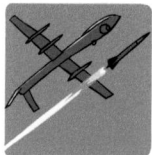

shambulizi

hari

hatari

hatsari

lango la dharura

kofar ko-takwana

Moto!

Wuta!

kizima moto

abin kashe wuta

ajali

hadari

vifaa vya huduma ya kwanza

kayan taimakon gaggawa

wito wa msaada

Neman taimako

polisi

dansanda

Ulaya

Turai

Amerika ya Kaskazini

Amurka ta Arewa

Amerika ya Kusini

Amurka ta Kudu

Afrika

Afirka

Asia

Asiya

Australia

Australia

Atlantiki

Atlantika

Pasifiki

Pacific

Bahari ya Hindi

Tekun Indiya

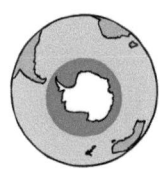

Bahari ya Antaktiki

Tekun Antatika

Bahari ya Aktiki

Tekun Arctic

Ncha ya Kaskazini

Barin duniya na Arewa

Ncha ya Kusini

Barin duniya na Kudu

Antaktika

Antatika

dunia

Kasa

nchi

tsandauri

bahari

kogi

kisiwa

tsibiri

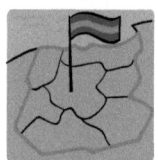

taifa

kasa

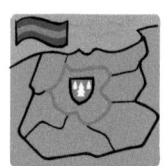

jimbo

jiha

uso wa saa

fuskar agogo

akrabu ya saa

hannun awa

akrabu ya dakika

hannun mintuna

akrabu ya sekunde

hannun dakika

Ni saa ngapi?

Karfe nawa yanzu?

siku

rana

wakati

lokaci

sasa

yanzu

saa ya dijitali

agogon dijita

dakika

minti

saa

awa

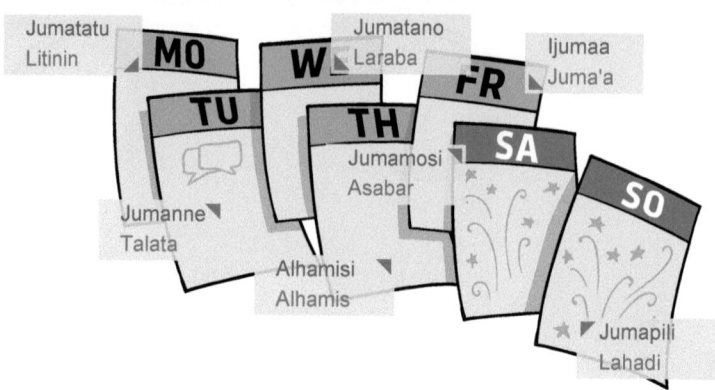

Jumatatu
Litinin

MO

W
Jumatano
Laraba

Ijumaa
Juma'a

FR

TU

TH

SA

Jumanne
Talata

Jumamosi
Asabar

SO

Alhamisi
Alhamis

Jumapili
Lahadi

jana
....
jiya

leo
....
yau

kesho
....
gobe

asubuhi
....
safiya

saa sita mchana
....
tsakar rana

jioni
....
yamma

MO	TU	WE	TH	FR	SA	SU
1	2	3	4	5	6	7
8	9	10	11	12	13	14
15	16	17	18	19	20	21
22	23	24	25	26	27	28
29	30	31	1	2	3	4

siku za biashara
....
ranakun kasuwanci

MO	TU	WE	TH	FR	SA	SU
1	2	3	4	5	6	7
8	9	10	11	12	13	14
15	16	17	18	19	20	21
22	23	24	25	26	27	28
29	30	31	1	2	3	4

mwishoni mwa wiki
....
karshen mako

mvua
ruwan sama

upinde wa mvua
bakan-gizo

theluji
dusar kankara

upepo
iska

majira ya machipuko
damina

vuli
Kaka

kiangazi
bazara

majira ya baridi
lokacin sanyi

4.APRIL	11°	☀
5.APRIL	4°	⛅
6.APRIL	13°	☁
7.APRIL	8°	☀
8.APRIL	10°	☀

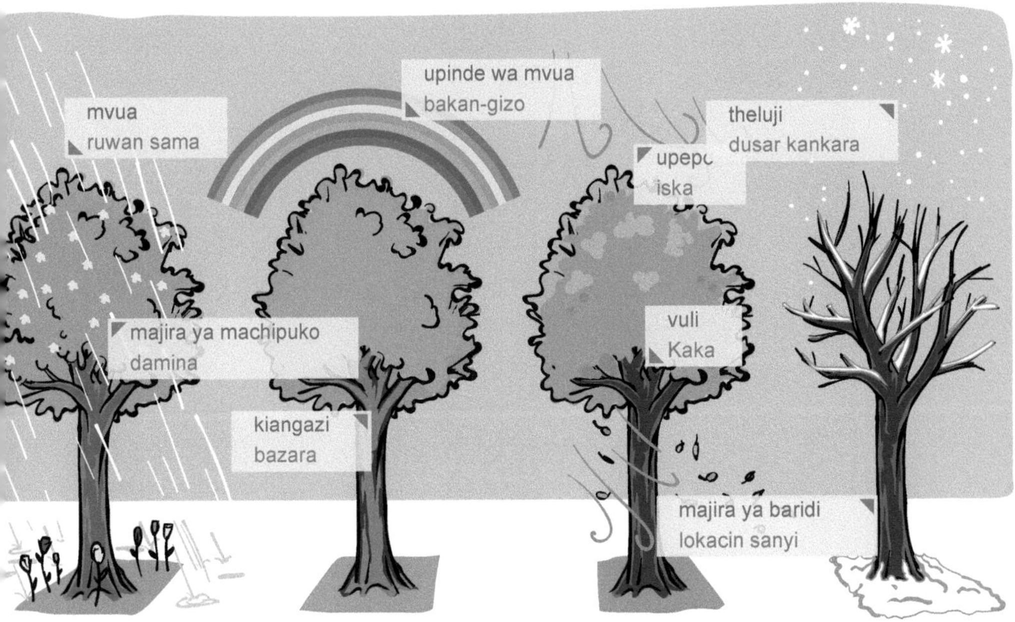

utabiri wa hali ya hewa

hasashen yanayi

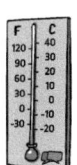

kipimajoto

na'urar gwajin zafi da sanyi

mwanga wa jua

hasken rana

wingu

gajimare

ukungu

hazo

unyevu

dumi

umeme

walkiya

radi

aradu

dhoruba

guguwa

mvua ya mawe

kankarar ruwan sama

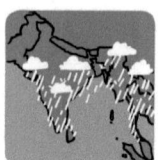

monsuni

iskar bazara

mafuriko

ambaliyar ruwa

barafu

kankara

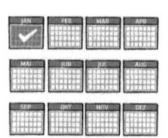

Januari

Janairu

Februari

Fabarairu

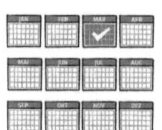

Machi

Maris

Aprili

Afirilu

Mei

Mayu

Juni

Yuni

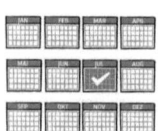

Julai

Yuli

Agosti

Agusta

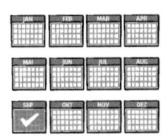

Septemba

Satumba

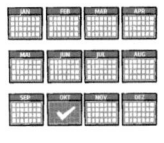

Oktoba

Oktoba

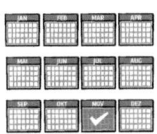

Novemba

Nuwamba

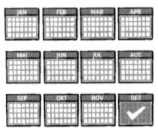

Desemba

Disamba

mduara

da'ira

mraba

murabba'i

mstatili

kusurwa hudu

pembetatu

kusurwa uku

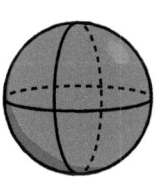

nyanja

mulmulalle

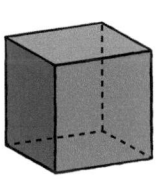

mchemraba

dunkule

nyeupe

fari

manjano

rawaya

chungwa

ruwan lemo

rangi ya waridi

ruwan shanshanbali

nyekundu

ja

hudhurungi

garura

bluu

shudi

kijani

kore

hanja

ruwan kasa

jivujivu

ruwan toka

nyeusi

baki

mengi / kidogo

da yawa / kadan

hasira / pole

fushi / nutsuwa

nzuri / mbaya

kyakkyawa / mummuna

mwanzo / mwisho

farko / karshe

kubwa / ndogo

babba / karami

angavu / giza

mai haske / mai duhu

kaka / dada

dan uwa / 'yar uwa

safi / chafu

mai tsafta / kazami

kamilika / tokamilika

cikakke / maras cika

siku / usiku

rana / dare

wafu / hai

matacce / mai rai

pana / nyembamba

mai fadi / matsattse

kulika / kutolika

na ci / ba na ci ba

ovu / ema

mugu / mai tausayi

sisimkwa / udhika

mai karsashi / gajiyayye

nene / nyembamba

kakkaura / siriri

kwanza / mwisho

na farko / na karshe

rafiki / adui

aboki / makiyi

jaa / tupu

cikakke / holoko

ngumu / laini

mai tauri / mai laushi

nzito / nyepesi

mai nauyi / marar nauyi

njaa / kiu

yunwa / kishin ruwa

mgonjwa / mwenye afya

cuta / lafiya

haramu / kisheria

haramtacce / halastacce

akili / kijinga

mai basira / dakiki

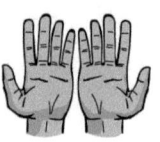

kushoto / kulia

hagu / dama

karibu / mbali

kusa / nesa

mpya / kutumika

sabo / na-hannu

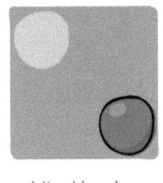

kitu / jambo

ba komai / wani abu

zee / changa

tsoho / yaro

waka / zima

kunna / kashe

wazi / fungwa

a bude / a rufe

utulivu / kelele

shiru / kara

tajiri / masikini

mai arziki / talaka

sahihi / kosa

daidai / bata

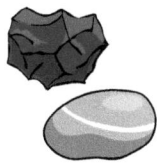

mbaya / laini

mai kaushi / mai santsi

huzunika / furahia

bakin ciki / farin ciki

fupi /ndefu

gajere / dogo

polepole / haraka

a sannu / da sauri

nyevu / kavu

jikakke / busasshe

joto / baridi

dumi / sanyi

vita / amani

yaki / zaman lafiya

0

sufuri

sifili

1

moja

daya

2

mbili

biyu

3

tatu

uku

4

nne

hudu

5

tano

biyar

6

sita

shida

7

saba

bakwai

8

nane

takwas

9

tisa

tara

10

kumi

goma

11

kumi na moja

goma sha daya

12
kumi na mbili
goma sha biyu

13
kumi na tatu
goma sha uku

14
kumi na nne
goma sha hudu

15
kumi na tano
goma sha biyar

16
kumi na sita
goma sha shida

17
kumi na saba
goma sha bakwai

18
kumi na nane
goma sha takwas

19
kumi na tisa
goma sha tara

20
ishirini
ashirin

100
mia
dari

1.000
elfu
dubu

1.000.000
milioni
miliyan

Kiingereza

Turanci

Kiingereza cha Marekani

Turancin Amurka

Kimandarini cha Uchina

Mandarin na China

Kihindi

Hindi

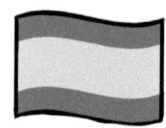

Kihispania

Sifaniyanci

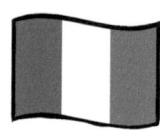

Kifaransa

Faransanci

Kiarabu

Larabci

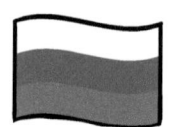

Kirusi

Yaren Rasha

Kireno

Yaren Portugal

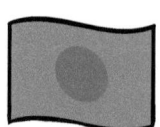

Kibengali

Bengali

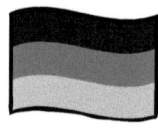

Kijerumani

Yaren Jamus

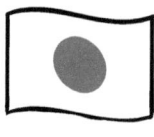

Kijapani

Yaren Japan

mimi
ni

wewe
kai

yeye / yeye / ni
shi / ita / ita

sisi
mu

wewe
ku

wao
su

nani?
wa?

nini?
me?

jinsi gani?
ya ya?

wapi?
a ina?

lini?
yaushe?

jina
suna

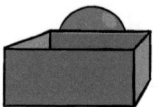

nyuma

a baya

katika

a ciki

mbele ya

a gaban

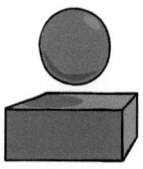

juu ya

saman

kwenye

akai

chini ya

karkashi

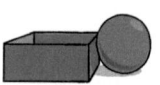

kando

a gefe

kati

a tsakani

mahali

wuri